AF260205

DES RELATIONS

ENTRE

LA FRANCE & L'ITALIE

AU POINT DE VUE JUDICIAIRE

DE L'ARBITRAIRE

DE LA JURIDICTION ITALIENNE AU PRÉJUDICE DES SUJETS FRANÇAIS.

UN PROCÈS DE VINGT ANS

PAR M. DUPUY

PARIS

E. DENTU, LIBRAIRE-ÉDITEUR

PALAIS-ROYAL, 15-19, GALERIE D'ORLÉANS

1883

DES RELATIONS

ENTRE

LA FRANCE & L'ITALIE

AU POINT DE VUE JUDICIAIRE

DE L'ARBITRAIRE
DE LA JURIDICTION ITALIENNE AU PRÉJUDICE DES SUJETS FRANÇAIS.
UN PROCÈS DE VINGT ANS

PAR M. DUPUY

Prix : 1 franc

PARIS

E. DENTU, LIBRAIRE-ÉDITEUR

PALAIS-ROYAL, 15-19, GALERIE D'ORLÉANS

1883

DES RELATIONS

LA FRANCE ET L'ITALIE

AU POINT DE VUE JUDICIAIRE

DE L'ARBITRAIRE
DE LA JURIDICTION ITALIENNE AU PRÉJUDICE DES SUJETS FRANÇAIS.
UN PROCÈS DE VINGT ANS

Les récents événements de notre politique étrangère ont mis à l'ordre du jour la question des rapports de la France avec les diverses puissances au point de vue judiciaire. Nous voudrions profiter du moment opportun pour appeler l'attention de notre gouvernement sur une question bien intéressante pour les sujets français qui ont des intérêts engagés en Italie : nous parlons des dispositions qui régissent la mise à exécution en France et en Italie des décisions judiciaires respectivement rendues dans chaque pays. Il est manifeste qu'une réciprocité stricte et absolue est la première condition qui s'impose en cette matière : sans réciprocité, point de justice, mais des dupes en deçà des Alpes. Or, si les lois qui régissent les deux nations et les traités actuellement existants semblent consacrer cette réciprocité, en fait il résulte de la nature des choses en Italie et de l'interprétration qu'on y donne aux traités, que les intérêts des Français se trouvent aujourd'hui lésés des deux côtés des Alpes de la façon la plus grave. Les exemples en sont nombreux ; nous aurons à en citer quelques-uns. On nous pardonnera de nous appuyer sur le nôtre. Un procès qui dure depuis vingt ans, et qui n'est pas terminé encore, nous a malheureusement mis à même de nous rendre spécialement compte des graves inconvénients sur lesquels nous appelons l'attention de notre gouvernement.

Les rapports de la France avec l'Italie, au point de vue qui nous occupe, sont réglés par l'art. 22 du traité du 24 mars 1760 et par la déclaration ministérielle du 11 septembre 1860, ainsi conçus :

Traité de 1760, *art.* 22. — Pour favoriser l'exécution réciproque des arrêts et jugements, les Cours suprêmes déféreront de part et d'autre, à la forme du droit, aux réquisitions qui leur seront adressées, même sous le nom desdites Cours.

Déclaration de 1860. — Il est expressément entendu que les Cours en déférant, à la forme du droit, aux demandes d'exécution des jugements rendus dans chacun des États, ne devront faire porter leur examen que sur les trois points suivants :

1° Si la décision émane d'une autorité compétente ;

2° Si elle a été rendue les parties dûment citées et légalement représentées ou défaillantes ;

3° Si les règles du droit public ou les intérêts de l'ordre public du pays où l'exécution est demandée ne s'opposent pas à ce que cette décision du Tribunal étranger ait son exécution.

Voilà les textes. Quelle interprétation leur est donnée en France et quelle en Italie ?

En France, le jugement d'exéquatur est devenu une simple formalité. Nos Cours bornent leur examen à la forme du jugement italien. Elles se refusent à constater si ce jugement est ou n'est pas en contradiction manifeste avec un jugement précédemment rendu par la même autorité, s'il est ou s'il n'est pas la conséquence d'un manifeste excès de pouvoir commis par les juges italiens. Quoi qu'il en puisse être, le jugement italien est rendu exécutoire, alors même qu'il est en contradiction manifeste avec une précédente décision déjà rendue exécutoire *et exécutée* en France. De là il résulte qu'un Français qui a eu un procès devant la juridiction italienne contre un Italien n'est jamais certain qu'il y aura chose jugée ; il peut, après que des années se seront écoulées, se voir contraint, par la juridiction française elle-même, à rendre ce qu'il avait touché en vertu de jugements italiens rendus exécutoires et exécutés en France ; il sera saisi, ses biens seront vendus par autorité de justice, sa famille sera dépouillée, car les juges italiens peuvent délier ce qu'ils ont lié — et nous montrerons qu'ils ont fait et défait sans pudeur — avec la certitude qu'on exécutera en France toutes leurs décisions successives. La situation qui nous est ainsi faite est très-inquiétante.

Pour bien apprécier la jurisprudence italienne sur les jugements d'exéquatur, rien ne vaudra tant que de lire les textes des arrêts que nous reproduisons en appendice ; nous devons nous borner ici à présenter quelques considérations succinctes et quelques extraits desdits jugements. = Les Cours italiennes ne se considèrent pas liées par la déclaration ministérielle de 1860, laquelle n'aurait pas force de loi, soit parce qu'elle n'a pas été sanctionnée par le souverain, soit parce *qu'elle n'a jamais été publiée.* (Arrêts des Cours d'appel de Brescia et de Florence, et de la Cour de cassation de Florence, etc., etc.) Si, d'un autre côté, les juges italiens apprécient que le jugement français dont on demande l'exécution *viole la chose jugée* par une précédente décision rendue par la même autorité, ils n'autorisent pas l'exécution de la deuxième décision par le motif que cette exécution *serait contraire au droit public* du royaume. (Arrêts des Cours d'appel et de cassation de Florence.)

Donc, en France, la violation manifeste par le juge italien de la chose qu'il avait précédemment jugée n'est pas contraire, lorsqu'on vient exécuter la décision postérieure, au droit public ou aux intérêts de l'ordre public. Mais en Italie il en va tout autrement : la décision postérieure violant la chose jugée ne peut y être exécutée.

En France, on accorde l'exécution même à un jugement italien violant manifestement la chose jugée par une précédente décision rendue par l'autorité nationale ; de sorte que, de deux décisions contradictoires, c'est la postérieure italienne qui l'emporte sur l'antérieure française. Nous exposerons plus bas ce cas particulier.

En Italie, au contraire, les Cours saisies d'une demande d'exéquatur examinent, sous un prétexte quelconque, le fond du litige. Pour le démontrer nous citerons divers arrêts rendus sur des demandes d'exéquatur introduites par des Français.

1° *Affaire Charavel et Dussard, représentés par Dubosc, contre Sanna.* — Un jugement du Tribunal de commerce de Marseille du 7 mai 1862, confirmé par arrêt de la Cour d'Aix du 1er mai 1863, a condamné Sanna en des dommages-intérêts à payer par état, pour inexécution d'une convention intervenue à Marseille. Un jugement du même Tribunal du 3 juillet 1865, confirmé par arrêt de la même Cour du 14 février 1866, a liquidé le montant des dommages-intérêts.

a) Sur la demande d'exéquatur, la Cour de Lucques argumentait comme suit dans son arrêt du 26 avril 1867 : « Considérant que la Cour, dans les jugements d'exéquatur, n'est » pas le moins du monde obligée à accepter comme indiscu-

» table tout ce qui fut déclaré dans les motifs du jugement
» étranger, parce que l'attribution qui lui est déférée par la
» loi, bien plus pour protéger la souveraineté territoriale
» que dans un intérêt privé, consiste à vérifier si le jugement
» étranger présente ou non ces conditions données qu'elle
» réclame pour qu'il puisse être rendu exécutoire dans le
» territoire de l'État ; qu'il ne resterait, en beaucoup de cas,
» qu'une garantie tout à fait illusoire si cette garantie n'em-
» portait pas la libre faculté pour le Tribunal appelé à accor-
» der l'exécution de porter sur les faits et documents de la
» cause *un jugement indépendant, relativement à ces faits et*
» *documents, et à l'appréciation qu'en avaient faite les juges de*
» *qui la décision émane.* » Ladite Cour apprécia que les juges
français avaient commis une erreur, car Sanna n'avait contracté aucune obligation envers Charavel et Dussard, et elle
refusa l'exéquatur.

b) Sur le pourvoi, la Cour de cassation de Florence, par
arrêt du 23 décembre 1867, « considérant que la Cour de Luc-
» ques, en affirmant que l'obligation contractée par Sanna
» n'existait pas, et que le jugement contraire du Tribunal et
» de la Cour français n'était qu'une simple supposition, a
» prononcé manifestement un jugement sur le fond...», cassa
et renvoya devant la cour de Florence.

c) La Cour d'appel de Florence, dans son arrêt du 7 avril
1869, s'exprimait en ces termes :

« Considérant que l'obligation de concéder l'exécution d'un
» jugement étranger *à la forme du droit*, si elle exclut d'un
» côté la pleine et approfondie connaissance du fond de la
» controverse et de la valeur des preuves, *n'est pas circons-*
» *crite, de l'autre côté, au seul examen possible de la violation*
» *des lois d'ordre public et du droit public du royaume....*» ; elle
déclarait ensuite « qu'on doit refuser l'exéquatur quand les
» jugements *n'apparaissent pas conformes aux règles de jus-*

» *tice ou s'ils présentent une erreur manifeste de droit.* » Elle
poursuivait :

« Qu'en vain Dubosc *citait en sens contraire une déclaration*
» *ministérielle, signée le* 11 *septembre* 1860, *par le comte de*
» *Cavour pour l'Italie et par Talleyrand* pour la France... », car
cette déclaration était dépourvue de toute valeur juridique,
pour les motifs que nous avons déjà exposés. En définitive, la
Cour d'appel de Florence refusa l'exéquatur à la décision
rendue le 14 février 1866 par la Cour d'Aix, par le motif que
cette décision violait la chose jugée par sa précédente décision du 1ᵉʳ mai 1863, produite en la cause.

d) Sur le pourvoi introduit par Dubosc, le ministère public
près la Cour de cassation de Florence déclara, qu'à son avis,
la déclaration de 1860 était privée de toute valeur juridique.

La Cour suprême, dans son arrêt du 20 juin 1870, « consi-
» dérant que tant le vice de la contradiction que celui de la
» violation de la chose jugée, détruisant entièrement le juge-
» ment qui est démontré en être infecté, *donnerait justement*
« *lieu à l'application* DU § 4 DE L'ART. 941 DU CODE DE PROCÉ-
» DURE CIVILE, » (non pas de la déclaration de 1860, dont, d'ailleurs, les termes sont identiques à ceux de l'art. 941), « *re-*
» *latif aux jugements étrangers qui contiennent des dipositions*
» *contraires au droit public ou à l'ordre public, comme l'a,*
» *avec raison, retenu la Cour d'appel de Florence...* ; que, par
» suite, tout le nœud de la question se réduit au point d'éta-
» blir si les deux vices sus-indiqués de la contradiction et de
» violation de la chose jugée existent... »

La Cour suprême conclut à la négative, casse et renvoie
devant la Cour de Lucques.

e) La Cour de Lucques, qui avait déjà refusé l'exéquatur
par son arrêt suscité, considérant, dans son nouvel arrêt du
12 janvier 1871, que, bien que la première et la deuxième
Cour saisies de la demande d'exéquatur ne se fussent pas

occupées de la question de compétence, la deuxième Cour de renvoi peut néanmoins examiner cette question; elle apprécie qu'une Société pour l'exploitation d'une mine constitue en France une affaire civile, alors que son objet est limité à l'extraction et à la vente du produit brut; elle en tire la conséquence que le Tribunal de commerce de Marseille, qui avait connu de la contestation en première instance, était incompétent, et refuse, par suite, l'exéquatur.

Dubosc dut s'en tenir là de l'expérience poursuivie devant la juridiction italienne.

2° *Affaire Demarre.* — a) La Cour de Gênes refusant, par son arrêt du 1er avril 1862, l'exéquatur à une décision du Tribunal de Lyon, argumentait ainsi : « Attendu qu'il ne sert de » rien que le Tribunal de Lyon ait déclaré que les conclu- » sions de Demarre ont été déclarées bien fondées, *puisque* » *cette appréciation se trouve être en opposition avec les résultats* » *fournis par les actes.* »

b) La Cour de cassation de Turin, par son arrêt du 25 août 1874, repoussa le pourvoi introduit contre la décision de la Cour de Gênes par le motif « que la sentence française » *est destituée de tout fondement légal,* que, *conséquemment,* » *elle contient des dispositions contraires à l'ordre public et au* » *droit public du royaume.* »

3° Pour ne pas nous étendre outre mesure, nous citerons un dernier arrêt, rendu par la Cour de cassation de Turin, le 7 mars 1874. La Cour d'appel de Turin avait accordé l'exécution à une décision rendue par la Cour de Lyon le 20 juin 1872. Sur le pourvoi introduit par le sujet italien, ladite Cour suprême, prétendant « que la jurisprudence française se montre » moins souple pour autoriser l'exécution des jugements » étrangers » et « considérant que dans les rapports interna- » tionaux on admet le principe de la réciprocité comme » étant celui qui s'appuie sur la raison naturelle de la parité

» de traitement et ouvre, dans le cas contraire, la voie à
» l'exercice du droit de rétorsion. Que vraiment, comme
» cela résulte, entre autres, de l'arrêt du 11 mai 1869 de la
» Cour de Paris, approuvé par celui de la Cour de cassation
» du 21 avril 1870, sur le recours Spada, *le traité du 24 mars*
» n'empêche pas les Tribunaux français d'examiner le fond
» des jugements italiens avant d'en accorder l'exécution ; »
et pour mieux appuyer son dire, ladite Cour suprême cite
encore un arrêt de la Cour de Lyon *du* 29 *mars* 1857 et
un arrêt de la Cour de Grenoble *du* 7 *août* 1817. Par son
arrêt, *cassant* la décision rendue par la Cour d'appel de Turin,
elle ordonne aux Cours d'appel de son ressort *de réviser les
jugements français avant d'en accorder l'exécution dans le
royaume.*

Il est incontestable que, par les termes mêmes de sa décision, la Cour de cassation de Turin voulait ignorer intention-
nellement l'existence de la déclaration ministérielle de 1860.

Tel est l'état de la jurisprudence en France et en Italie sur
la question qui nous occupe. En deçà des Alpes, le jugement
d'exéquatur est devenu une simple formalité, pas autre chose.
Au delà des Alpes, on refuse de reconnaître à la déclaration
de 1860 toute valeur juridique, et la Cour de cassation de
Turin en est arrivée à ordonner aux Cours d'appel de son
ressort de réviser les jugements français, et cela en contradiction avec les termes de l'article 941 du Code de procédure
civile italienne, et sous le prétexte d'un prétendu droit de
rétorsion.

Or, quand il s'agit d'une convention bilatérale et que la
jurisprudence italienne se rit de cette convention, tandis que
la jurisprudence française non-seulement s'y conforme mais
encore que, selon nous, elle en exagère la portée au bénéfice
des Italiens, n'y a-t-il pas des fourbes et des dupes ?

Il y a donc péril en la demeure, et le danger apparaîtra bien plus vif encore par le résumé que nous voulons faire du procès que nous avons eu en Italie et des diverses demandes d'exéquatur en France auxquelles il a donné lieu. Nous demandons pardon de nous mettre nous-même en scène, mais nous pensons que, pour faire toucher du doigt le péril auquel nous avons demandé depuis déjà longtemps qu'il soit apporté remède, aucune démonstration ne saurait être aussi énergique que ce simple exposé d'une procédure italo-française.

M. Dupuy, ingénieur français, a conclu, le 24 juin 1860, avec la Société Bonacini-Guastalla et Balugani, de Modène, entrepreneurs à forfait, sur prix unitaires à convenir par la suite ou à faire fixer par un arbitre désigné en cas de discord, d'une partie du chemin de fer de Bologne à Pistoye, une convention aux termes de laquelle il était chargé de la direction générale des travaux. En rétribution de ses services, Dupuy devait recevoir un huitième des bénéfices nets réalisés par la Société, après prélèvement au profit de Bonacini-Guastalla et Balugani, de 9 0/0 calculé sur le total des paiements faits par la Compagnie concessionnaire des chemins de fer lombards. Il avait été de plus convenu que, si Dupuy donnait sa démission au cours des travaux, il perdrait tout droit à cette participation aux bénéfices ; si c'était au contraire la Société qui venait à le congédier, elle devrait lui rendre des comptes et lui payer sa quote-part sur la totalité des bénéfices en question. Au mois de décembre 1861, c'est-à-dire avant le complet achèvement des travaux, — la ligne fut livrée à l'exploitation en août 1863 seulement, — la Société a remplacé Dupuy dans ses fonctions. Après l'achèvement des travaux, demande de Dupuy de la quotité des bénéfices à lui assurée par la convention ; refus de la Société, qui soutient que c'est non pas elle qui a congédié l'ingénieur, mais bien celui-ci qui a donné sa démission. Procès.

2 *janvier* 1865. — Jugement du Tribunal de Modène qui décide que la Société a congédié Dupuy et qu'elle doit lui payer la quote-part de bénéfices stipulée. Condamnation de la Société à des dommages-intérêts à payer par état. Appel par la Société.

4 *août* 1865.—Arrêt de la Cour de Modène, qui confirme le jugement du 2 janvier.

Le principe du droit ainsi tranché, restait à déterminer le montant des bénéfices nets réalisés par la Société. A ce moment elle avait encaissé une somme de 17.606.000 lires; elle était d'ailleurs en contestation avec la Compagnie du chemin de fer pour obtenir paiement d'autres sommes. Cette contestation, soumise à un arbitre convenu, a été jugée par celui-ci le 24 mai 1868. La sentence de l'arbitre a attribué à la Société Bonacini-Guastalla une somme complémentaire de 3.917.000 lires, laquelle fut payée : 1° à Paris par la remise de 12.150 obligations lombardes, à 240 livres l'une ; 2° le reste en monnaie italienne, à Turin. La solde avait donc eu lieu au moyen de *deux paiements*. Il importe de retenir la date et le résultat de cette sentence, car on va voir que, dans les décisions qui suivront, il sera toujours distingué deux périodes de paiements : paiements antérieurs et paiements postérieurs à l'arbitrage. Mais reprenons l'exposé des décisions judiciaires.

31 *décembre* 1866. — Arrêt de la Cour de Modène qui confie à trois experts ingénieurs la mission d'établir le chiffre des bénéfices nets réalisés par la Société, et, pour y parvenir, enjoint à celle-ci d'avoir à déposer dans le délai d'un mois chez un notaire tous papiers, titres, livres et documents de toute sorte, et nommément *le livre-journal, les carnets d'attachements tenus sur les travaux par les chefs de section et les quittances des sommes effectivement payées.*

9 *juillet* 1867. — Arrêt de la Cour de Modène qui, sur la demande introduite par Dupuy, et tendant à faire condamner l'entreprise à une amende de 1.000 lires, ou toute autre somme qu'il plairait à la Cour de fixer pour chaque jour de retard à déposer les documents énoncés à l'arrêt du 31 décembre 1866, condamne Dupuy aux dépens et mande à se pourvoir devant le Tribunal.

12 *octobre* 1867. — Dépôt du rapport des experts. Sur ces trois experts, deux expriment l'avis que la mission qui leur a été donnée est exclusivement comptable. En conséquence, ils ont accepté comme dépenses toutes les sommes portées par la Société au passif du compte, mais ils déclarent expressément qu'ils n'ont pu les contrôler par les mandats de paiement aux sous-entrepreneurs, *mandats que la Société s'est refusée à produire.* Le troisième expert, après avoir énoncé les faits étranges qu'il a relevés sur la comptabilité, et ayant constaté que la Société *s'était refusée à déposer son livre-journal,* déclare, au contraire, qu'il est impossible d'accomplir l'œuvre ordonnée par la justice au moyen des seuls documents représentés par la Société et qu'il faut, en outre, avoir recours aux appréciations fournies par la science et par la pratique de l'ingénieur, afin d'exclure du passif *les dépenses purement imaginaires.*

17 *mars* 1868. — Arrêt de la Cour de Modène, qui annule l'expertise ainsi effectuée et commet trois nouveaux experts, « lesquels, vu la situation créée par la Société, spécialement » en se refusant à déposer le *livre-journal,* seront tenus » d'établir la somme effective des travaux exécutés et des » dépenses correspondantes, inférant le tout, non pas des » simples résultats fournis par la comptabilité, mais bien des » dessins d'exécution des ouvrages, métrages, contrats passés » avec les sous-entrepreneurs et spécialement des critériums » fournis par la science et la pratique de l'ingénieur. » La

Société s'étant pourvue contre cet arrêt devant la Cour de cassation de Turin, le pourvoi a été rejeté par arrêt du 17 septembre 1879.

3 *avril* 1868. — Arrêt de la Cour de Modène, confirmatif de la sentence du Tribunal du 11 novembre 1867, qui *ordonne* à l'entreprise de déposer *les mandats* dans un délai de vingt jours, mais refuse la sanction demandée par Dupuy, c'est-à-dire la condamnation à une amende pour chaque jour de retard. En fait, la Société déposa lesdits mandats quand cela lui convint.

12 *octobre* 1875. — Dépôt du rapport des nouveaux experts. Nous sommes forcés ici d'entrer dans quelques détails, indispensables pour montrer la difficulté, si ce n'est l'impossibilité, pour un Français, d'obtenir justice en Italie. Ce rapport, qui ne devait pas être le dernier, concluait ainsi : « Les déduc- » tions techniques de l'expertise ont eu pour but unique de » démontrer que les arguments techniques développés par » Dupuy contre le résultat offert par la comptabilité ne » prouvent pas que *les fraudes qui, cependant, peuvent avoir* » *été commises, soient imputables à la Société.* D'autre part, si, » dans le compte qui détermine le montant des bénéfices » réalisés, les experts ont, par suite de la non concordance » des indications fournies par les documents communiqués, » *commis des erreurs de fait,* ces erreurs pourraient être recti- » fiées par un comptable, mais cette rectification ne pourrait » pas invalider le moins du monde la conclusion *sur le mon-* » *tant vrai et la précise mesure des bénéfices obtenus par la* » *Société.* » Ainsi, après un si long travail, voilà à quoi abou- tissent les experts, c'est-à-dire trois ingénieurs très-connus en Italie! Ils ont pu commettre des erreurs de calcul, — et celles qu'ils avaient commises étaient intentionnelles, — mais ces erreurs ne doivent pas changer le résultat. Ce résultat était donc indépendant des calculs exposés pour

le déterminer. D'autre part, les fraudes commises ne chan-
geront pas davantage ce résultat, parce qu'il ne faut pas
les imputer *à la Société*. C'est ainsi que ces experts avaient
entendu leur mission. Il était facile de combattre un tel
rapport : c'est ce qui fut fait dans une contre-expertise
émanée de M. Canevari, l'un des plus éminents ingénieurs
d'Italie, et à laquelle avait adhéré l'inspecteur général du génie
civil, qui, en même temps, était le vice-président du conseil
supérieur au ministère des travaux publics. Néanmoins, le
Tribunal de Modène accepta les conclusions de ce rapport, en
se bornant à retrancher du passif proposé par les experts une
somme de 191.000 lires, portée comme dépense d'approvisionnement de matériaux, matériaux que le Tribunal déclara
n'avoir jamais existé, bien que les experts eussent développé
de longues considérations pour justifier la dépense y relative.

Sur l'appel de Dupuy, la Cour de Modène, par arrêt du
21 janvier 1879, enjoignit aux experts ou, pour parler plus
exactement, aux deux experts survivants, de compléter leur
travail, « de fournir des éclaircissements sur l'obscurité et
» l'ambiguité du rapport, sur les inexactitudes et les erreurs
» de chiffre dans la détermination des bénéfices, sur les réti-
» cences et omissions, sur les expressions dubitatives em-
» ployées : cela sera, cela peut être; il n'est pas impossible
» qu'il en soit ainsi, etc. ».

Et, précisant encore la mission donnée, la Cour ajoutait :
« A part les critiques de Dupuy, la comptabilité de la Société
» a eu les censures de l'un des premiers experts. Ces censu-
» res (considérez-les comme étant ici reproduites par la
» Cour) sont spécifiées. Veuillez y répondre. En somme,
» avez-vous contrôlé les documents de comptabilité? Pou-
» vez-vous affirmer la certitude des paiements et des dépen-
» ses en conséquence de la confrontation du grand-livre
» avec le livre-journal, avec les mandats, de même qu'avec

» les contrats? Et si vous ne le pouvez pas, en quoi faites-
» vous consister cette soi-disant comptabilité de l'entreprise,
» que vous-même avez déclaré être mal disposée et moins que
» régulière? » La Cour disait encore aux experts : Vous n'êtes
pas chargés de rechercher les fraudes qui auraient été
commises, et moins encore d'en faire l'imputation. Vous
êtes chargés de dire quel est le montant des dépenses qui,
n'étant pas justifiées au point de vue comptable, ne le sont
pas non plus au point de vue technique. Enfin la Cour demandait aux experts de formuler leurs avis sur la contre-expertise produite par Dupuy. Cet arrêt fut accepté par l'entreprise.

Le rapport supplémentaire ordonné par cet arrêt fut
déposé au mois de septembre 1879. Cette fois, les deux
experts expriment chacun, dans une partie du rapport, un
avis différent, ce que la Cour, dans l'arrêt qu'elle va rendre,
constatera en ces termes : « Il est d'une évidence manifeste
» que du § 1er au § 35 on trouve un travail complet de l'un
» des experts survivants, prémisses et conséquences, appré-
« ciations et avis, et du § 36 au dernier on a, d'une manière
» absolument distincte, et ceux-ci et celles-là de l'autre
» expert. Il est certain qu'une manière différente de voir
» guidait les deux experts. » Mais il est inutile de rechercher
le motif de cette dissidence, ajoutait la Cour.

Quoi qu'il en soit, le premier des deux experts exprime ainsi
son avis : « Pour les seconds experts, l'examen de la compta-
» bilité de la Société, au point de vue de la régularité des actes
» et de la documentation des dépenses, devait être considéré
» comme ayant déjà été effectué par les premiers experts
» (dont l'œuvre avait été annulée); seulement, *comme spécia-
» lité,* les seconds experts devaient porter leur examen sur
» les mandats de paiement, détachés de livres à souche,
» qui n'avaient pas encore été déposés à l'époque à laquelle

» se faisait la première expertise, et ils eurent, en effet, tout
» dernièrement (*ultimamente*) l'occasion *de les voir...* » De
cette vue toute récente, le premier expert fait résulter la
preuve « irréfragable » que les paiements ont bien été faits,
« les mandats ayant été signés pour quittance par les parties
» prenantes ». En ce qui concernait les fraudes, l'expert
donne son opinion en ces termes : « Si, à la Cour, certaines
» phrases du rapport sont apparues obscures et ambiguës,
» ces phrases se rapportent seulement à ces considérations
» exclusivement approximatives faites par les experts pour
» expliquer et justifier *en principe* l'excès de certaines dépen-
» ses, considérations qui ont tout le fondement de vérité,
» mais desquelles il est impossible d'établir les limites numé-
» riques. » S'y reconnaisse qui pourra, mais telles sont les
raisons qui paraissent à l'expert suffisantes pour adopter le
résultat offert par la comptabilité et pour s'abstenir de donner
aucun avis sur l'expertise extra-judiciaire que la Cour l'avait
convié à examiner. Quant aux mandats signés, disait-il, pour
quittance par les parties prenantes, cet expert, M. l'ingénieur
Giovanni Morandini, affirmait une contre-vérité, car aux
débats à l'audience, Dupuy apporta la preuve, par actes
authentiques, qu'une bonne partie de ces mandats portaient
les signatures, non pas des sous-entrepreneurs à qui ils
étaient censés avoir été délivrés, mais bien d'agents subal
ternes de la Société, et que d'autres étaient revêtus d'une
croix remplaçant les signatures de sous-entrepreneurs pré-
tendus illettrés, alors que ces mêmes sous-entrepreneurs
avaient signé très-couramment et leurs décomptes et les
mandats y correspondant.

Le second expert donne un avis différent : « Si la compta-
» bilité de l'entreprise était sincère, elle fournirait le bénéfice
» réellement perçu. Mais Dupuy a présenté sur cette compta-
» bilité une série de relevés, dans le but d'en démontrer les

» tromperies, les doubles emplois, les erreurs inadmissibles;
» ces relevés, s'ils sont vrais et exacts, enlèveraient à la comp-
» tabilité toute valeur probante. Conséquemment, les experts
» devaient établir deux choses : 1° si les erreurs imputées par
» Dupuy à la comptabilité existaient en fait; 2° si, existant
» réellement, elles y avaient été introduites avec intention
» pour frauder Dupuy. La comptabilité est l'unique docu-
» ment qui prouve la vérité des dépenses enregistrées, bien
» que ces dépenses excèdent le juste coût des travaux, pourvu
» que ces dépenses ne soient pas le résultat de falsifications
» imputables à l'entreprise et que celle-ci soit demeurée
» victime inconsciente des gaspillages survenus. » Le principe ainsi posé, l'expert estime qu'en se tenant au point de
vue technique, les relevés de Dupuy sont inattaquables; mais
qu'en admettant des principes plus larges, *ils sont inefficaces
pour prouver des fraudes imputables à la Société.* — D'autre
part, il ajoute que les expressions dubitatives reprochées par
la Cour au précédent rapport ont eu pour but de faire voir que
les arguments admis par ce rapport n'étaient point « des rai-
» sons inexpugnables appuyées sur des faits et des critériums
» infaillibles, mais qu'ils n'avaient d'autre portée *que d'induire
» opinions et inclinations à croire plus à cette chose qu'à celle-
» là.* » Il conclut enfin que les experts avaient dû accepter la
comptabilité telle qu'elle était, « car ils n'auraient pu agir
» autrement sans aboutir à l'imputation des fraudes à la
» charge de la Société, ce qu'ils n'avaient voulu faire; que,
» d'ailleurs, ils avaient cru pouvoir se dispenser de se livrer
» à un examen minutieux et à la confrontation de l'amas
« échevelé des actes et documents composant cette comp-
» tabilité..... Au surplus, l'expertise judiciaire, expurgée des
» erreurs et omissions commises au chapitre IV, expurgée
» des avis et des appréciations émis à la simple lueur des
» conjectures, des vraisemblances, des apparentes probabi-

» lités, et circonscrite dans le domaine des purs raisonnements
» techniques, ne pourrait pas différer de l'expertise extra-
» judiciaire de l'ingénieur Canevari...» Cependant cet expert
exprime l'avis que le bénéfice déterminé par M. Canevari
pourrait être réduit de 510.000 lires. Ainsi, cet expert, chargé
avec ses collègues d'établir un compte, avoue qu'ensemble
ils ont reculé devant l'amas « échevelé » des pièces et documents de la comptabilité. Bien qu'ayant vu *ultimamente*, lui
aussi, les mandats, il n'en dit mot cependant dans ses longues
explications et éclaircissements ; il s'était d'ailleurs soigneusement abstenu de les examiner, bien que Dupuy l'eût incité
à se livrer à cet examen.

Cependant, à moins de recommencer à nouveau des exper-
tises qui avaient duré treize années, il fallait statuer ; *les parties*
demandaient d'ailleurs elles-mêmes à la Cour de Modène de
rendre un arrêt définitif. Le 15 mars 1880 la Cour rendit cet
arrêt. Les motifs en sont trop étendus pour pouvoir être re-
produits ici *in extenso*, mais la Cour considérait qu'en vertu
des précédentes décisions passées en force de chose jugée,
la comptabilité était insuffisante pour fournir la base de la
liquidation et qu'il ne s'agissait nullement de rechercher les
fraudes ; que l'entreprise s'étant refusée à déposer son livre-
journal, de même que les carnets d'attachements tenus sur
les travaux par les chefs de section, et d'un autre côté les
quittances sur les mandats étant irrégulières, comme cela
résulte des actes authentiques produits par Dupuy, on était
bien obligé de recourir à la science et à la pratique de l'ingénieur pour éliminer du passif les dépenses injustifiées et
injustifiables ; qu'il ne s'agissait pas et qu'il ne pouvait
s'agir d'imputer la fraude à tels ou à tels ; que d'ailleurs l'entreprise n'avait pu fournir la preuve que les
dépenses enregistrées eussent été effectivement payées ;

que l'entreprise prétend en vain « que, n'étant pas tenue
» de répondre envers Dupuy des fautes d'inexpérience,
» d'incurie et de fautes quelconques dans le sens de la loi »,
le résultat offert par sa comptabilité doit être admis. « *Que*
» *ce n'est point de cela* (des fautes lourdes) *que se sont*
» *préoccupés les précédeuts jugements et qu'ils ne tendent*
» *pas à faire exclure du passif les conséquences de ces fautes*
» *lourdes, pas plus que la défense de Dupuy ni les moyens*
» *et arguments par lui employés contre la susdite comptabilité…*
» Qu'il est manifeste qu'il ne s'agit en aucune façon, en vertu
» de l'arrêt du 17 mars 1868, de contrôler l'œuvre de l'en-
» treprise, mais bien et seulement de vérification, de cons-
» tatations de faits, pour les confronter avec les chiffres et
» faire que ceux-ci résultent de ceux-là et non *vice versa*. »

Enfin, la Cour, prenant pour base de ses convictions ensemble l'expertise judiciaire, les éclaircissements fournis par
les deux experts dans leur rapport supplémentaire et l'expertise extra-judiciaire « *réformée et réduite par le second des*
» *experts judiciaires* », procéda elle-même à la liquidation
des bénéfices réalisés. L'expertise extra-judiciaire avait déterminé à 3.400.042 lires 99 les bénéfices réalisés avant et
indépendamment de l'arbitrage qui fit payer à la Société
la somme complémentaire de 3.917.000 lires ; le second des
experts judiciaires avait réduit ce bénéfice à.   2.903.056 46
et la Cour le réduisit à son tour à 2.512.750 82
somme de laquelle elle déduit le 9 0/0 réser-
vé à l'entreprise, calculé sur le montant total
des paiements faits par la Compagnie concessionnaire, soit le 9 0/0 de 17.606.044 57…   1.584.544 01

        Reste le bénéfice à partager…   928.206 81

d'où le 1/8° ou quote-part de Dupuy, lires . .   116.025 85

Et que l'on remarque bien que nous reproduisons ici le
calcul fait par la Cour de Modène et reproduit sur l'arrêt.

D'où le disposif de l'arrêt, conçu en ces termes :

« 1° Condamne l'entreprise Bonacini-Guastalla et C° à
» payer à Dupuy la somme de 116.025 lires 85 pour sa
» quote-part sur les bénéfices nets réalisés avant et indé-
» pendamment de l'arbitrage du 24 mai 1868, avec les inté-
» rêts, etc., etc.;

» 2° Déclare qu'il revient également à Dupuy la huitième
» partie de la somme payée pour solde en conséquence de
» l'arbitrage du 24 mai 1868, c'est-à-dire de la somme de
» 3.917.897 lires 72, *dégrevée* du 9 0/0 réservé aux capita-
» listes *sur les paiements faits par la Compagnie concession-*
» *naire,* et de 1 0/0 attribué au baron Baratelli ; ladite quote-
» part à payer pour solde à Dupuy au moyen de 460 obliga-
» tions des chemins de fer Lombards et Sud-Autrichiens, à
» lires 240 l'une, *à prendre sur celles séquestrées,* comme aux
» actes, et le reste en valeur légale », avec les coupons
échus d'un côté et les intérêts de l'autre. Ce dispositif indi-
quait d'ailleurs que, pour déterminer *le reste* à payer en monnaie, on aurait égard aux acomptes déjà perçus par Dupuy,
tant en obligations qu'en monnaie, faisant l'imputation de
ces acomptes d'abord sur les intérêts échus et ensuite sur le
capital.

Le procès devait sembler fini. Quelle erreur ! Les ressour-
ces de la fourberie de certains Italiens sont infinies.

Pour ne pas s'embrouiller dans les explications qui vont
suivre nous rappelons qu'avant le partage des bénéfices l'entreprise devait, en vertu du contrat, prélever une somme
égale au 9 0/0 du montant des paiements faits par la concessionnaire ; d'un autre côté, longtemps après avoir contracté
avec Dupuy, elle se mit à porter au passif, en faveur d'un
nommé Baratelli, et à titre de commission, une somme égale
au 1 0/0 de chaque paiement fait par ladite concessionnaire.

Dupuy contesta cette dépense; mais, par arrêt du 30 décembre 1873, la Cour de Modène décida que ladite dépense devait être maintenue au passif. D'où le bénéfice antérieur à l'arbitrage était *grevé* de 9 0/0, tandis que le bénéfice complémentaire était *grevé* de 10 0/0.

L'entreprise fit opposition au commandement que Dupuy lui fit; elle prétendit dans son opposition que le mot *tous* devait être introduit dans le texte du deuxième chef du dispositif de l'arrêt; que l'expression y employée : *Sur les paiements* faits par la concessionnaire, signifiait *sur* TOUS *les paiements;* que, conséquemment, *tous* les paiements se montant à 21.523.000 lires, c'était de 2.152.300 lires et non de 319.700 lires, montant des *deux paiements* complémentaires, que le bénéfice complémentaire devait être *dégrevé;* que, par suite, Dupuy n'avait plus à recevoir 460 obligations *prises sur celles qui demeuraient séquestrées à Paris,* mais bien à restituer une bonne partie de celles qu'il avait précédemment reçues; qu'en outre, il devait rembourser une somme telle que la créance déterminée au premier chef du dispositif disparaissait elle-même, à 5.000 lires près.

Le Tribunal de Modène refusa de rendre le service qui lui était demandé; il apprécia que le dispositif de l'arrêt était très-clair; qu'on ne pouvait *dégrever* le bénéfice complémentaire d'une somme dont il *n'était pas grevé,* et il valida le commandement, mais en émettant, toutefois, des dispositions subsidiaires qui rendaient impossible l'exécution. La Cour d'appel, au contraire, — si ce ne sont pas *absolument* les mêmes *conseillers,* c'est du moins la même Cour,—rendit ce service par un deuxième arrêt, du 13 mai de la même année, non pas arrêt d'interprétation, lit-on dans les motifs, mais de *constatation,* et, pour mieux *constater* le sens du dipositif, elle y intercala le mot proposé par l'entreprise et anéantit de la sorte son premier arrêt. Ainsi la cour de Modène ordonnait après coup de *dégrever* le bénéfice complémentaire du 10 0/0 *de* 17.600.000 lires, dont il n'était pas et ne pouvait pas être *grevé* et dont le bénéfice antérieur *avait été dégrevé par la Cour elle-même*. C'était un tour d'escamotage pur et simple. Le président Barbieri rédigea d'ailleurs cet arrêt.

Et voilà comment une créance d'environ 500.000 fr. *à recevoir pour solde* se trouva réduite à 5.000 fr., car les conséquences déduites par l'entreprise de l'introduction du mot *tous* au dispositif de l'arrêt étaient fondées, à la rigueur.

C'était scandaleux ! Aussi l'avocat conseil de M. Dupuy, le plus savant des jurisconsultes italiens, voulut écrire lui-même à notre ambassadeur à Rome, M. le marquis de Noailles, pour lui dénoncer le déni de justice dont était victime un Français. Nous déclarons avec reconnaissance que notre ambassadeur fit ce qu'il lui était *personnellement* possible de faire pour nous venir en aide, mais ses efforts n'aboutirent à rien *de bon.*

Pour plus de clarté, nous continuerons à faire l'exposition de décisions successives de l'autorité judiciaire italienne, et nous exposerons ensuite les décisions françaises qui sont intervenues dans ce même laps de temps.

L'entreprise avait introduit un recours contre l'arrêt du 15 mars ; M. Dupuy avait introduit un recours contre l'arrêt *de constatation* du 13 mai. La Cour suprême de Turin, se hâtant exceptionnellement, cassa, par décision du 21 janvier 1881, l'arrêt du 15 mars au premier chef de son dispositif et maintint ferme le deuxième chef. Elle annula en outre, *sans renvoi*, l'arrêt du 13 mai.

Le motif de l'annulation partielle de l'arrêt du 15 mars était que la Cour de Modène avait déterminé « non pas le bénéfice » effectivement réalisé » comme elle l'avait déclaré, « mais » bien celui qu'on aurait réalisé, si les travaux eussent été

» conduits avec intelligence » après le départ de Dupuy; que
le montant des sommes exclues du passif était conséquemment
ment composé, non pas en totalité de dépenses fictives, comme
l'avait apprécié la Cour d'appel, mais en partie au moins de
dépenses réelles attribuables à l'inhabilité, à l'inexpérience
ou à l'incurie de l'entreprise. En un mot, la Cour suprême de
Turin, au lieu de statuer en droit comme Cour régulatrice,
s'érigea en juridiction du troisième degré et jugea le fond.
L'excès de pouvoir était manifeste. La cause fut renvoyée
devant la Cour de Gênes.

L'arrêt de cette Cour de Gênes, du 28 décembre 1881, est
le digne couronnement de cette suite d'iniquités. Par trois
arrêts successifs des 11 mars, 3 juin et 22 juillet 1881, la
Cour d'appel de Paris avait constaté que la décision de Modène du 15 mars 1880 avait été cassée au premier chef de
son dispositif, mais qu'elle avait été *expressément* maintenue
au second chef; mais la Cour de Gênes, devant qui l'arrêt de
Paris du 22 juillet 1881 avait été produit, a jugé différem-
ment; elle s'est exprimée en ces termes : « En vérité, par son
» prononcé la Cour suprême n'affirma pas qu'elle annulait
» l'arrêt de Modène pour le premier chef et le maintenait
» ferme pour le second; mais elle dit au contraire : Mainte-
» nant ferme l'arrêt dans les parties auxquelles le septième
» moyen de l'entreprise et le second de Dupuy sont relatifs,
» de même que dans les autres parties non attaquées, casse
» l'arrêt pour le premier moyen de l'entreprise et pour le
» premier moyen de Dupuy. » Et elle ajoute que le deuxième
chef est dépendant du premier et que, conséquemment,
« un jugement ayant été cassé pour un chef, il s'entend
» cassé pour ceux qui en dépendent. » Donc la Cour de
Modène avait soigneusement divisé l'arrêt en deux chefs
distincts, et conséquemment indépendants, puisque cha-

cun d'eux portait la condamnation au paiement d'une
somme déterminée ; cette Cour avait même pris le soin de
dire au moyen de quelles valeurs chacune des deux
sommes serait payée ; chacun des deux chefs avait été
l'objet d'un moyen distinct du pourvoi ; le pourvoi avait
été admis sur le premier, rejeté sur le second. Rien de tout
cela n'arrête la Cour de Gênes, pas plus d'ailleurs que
cela n'a arrêté plus tard la Cour suprême de Turin elle-
même. L'une et l'autre Cour se sont contentées de déclarer
qu'il n'était pas même besoin d'impugner la sentence sur
le deuxième chef, qu'elle tombait d'elle-même par suite
de l'annulation du premier, car le second n'était que la
conséquence du premier. Inutile d'ajouter que, le point de
départ ainsi fixé, les difficultés qui avaient si longtemps
arrêté la Cour de Modène, les ambiguités, les contradic-
tions des experts ne sont point pour faire hésiter la Cour
de Gênes. Pour elle, l'entreprise n'était tenue « qu'à rem-
» plir *une seule* obligation, et elle l'a remplie, celle de
» déposer *tous* les documents énoncés par l'arrêt du 31 dé-
» cembre 1866 ». Mais comme, d'un autre côté, la Cour de
Gênes reconnaissait elle-même que *ni le livre-journal, ni les
carnets d'attachements* n'ont été déposés, elle a conclu que
ces documents n'étaient pas indispensables, puisqu'on a pu
s'en passer ; elle a donc ainsi libéré l'entreprise *de la seule
obligation*, tout en prétendant, par une singulière contradiction, qu'elle l'avait remplie, que les précédentes décisions lui
avaient imposée, disait-elle. Pour la Cour de Gênes, les experts
n'avaient qu'à examiner les documents produits par l'entreprise (et ils avaient répété à satiété qu'ils n'avaient rien examiné, parce que c'était trop échevelé) et à vérifier les additions.
Relativement *aux quittances*, elle s'exprime ainsi : « Considé-
» rant que, relativement à la manière dont sont apposées les
» *quittances sur les mandats* (lesquels sont applicables à des

» sous-entrepreneurs), en admettant même que l'entreprise
» fût tenue de justifier d'une manière absolument juridique
» les paiements d'eux résultant, ce qui n'est pas, à notre
» avis, pour les motifs que nous venons d'exposer, — c'est-à-
» dire que tant *que Dupuy n'avait pas prouvé que les fraudes*
» *étaient imputables à l'entreprise, le résultat offert par la*
» *comptabilité restait immuable,* — la justification devait être
» retenue comme complète (admirez l'habile équivoque que
» la Cour de Gênes va créer), si l'on réfléchit qu'en matière
» de grands travaux *exécutés en régie,* auxquels prennent
» part de nombreux ouvriers, il n'est pas d'usage de pré-
» tendre des reçus *pour salaires,* faits et enregistrés d'après
» les règles de la loi, lesquels, en de très-nombreux cas,
» devraient être rédigés par devant notaire, parce que les
» parties prenantes sont illettrées; et que pour cela les
» dépenses y relatives sont à retenir pour justifiées, même
» sans reçu d'aucune sorte... » Il s'agit, en réalité, de sommes
qui auraient été payées à des sous-entrepreneurs; c'est sur
cette donnée que la Cour de Gênes commence à développer
ses considérations; mais tout à coup, comme c'était embar-
rassant, elle s'en libère, sans crier gare, en faisant supposer
qu'il s'agisait de travaux exécutés en régie, de salaires à de
nombreux ouvriers occupés en journée! Inutile d'ajouter
que ladite Cour s'appuie sur l'avis du premier expert, celui
qui avait déclaré avoir *vu ultimamente* les mandats, et qu'ils
étaient signés pour quittance par les parties prenantes.

C'est l'expert qui a menti incontestablement, et les actes
authentiques que la Cour de Gênes avait devant les yeux en
fournissaient la preuve irréfragable, qui inspire confiance à
ladite Cour.

En résumé, la Cour de Gênes, comme l'avait fait avant elle
le Tribunal de Modène, a exclu du passif une somme de
191.000 lires, au lieu de 1.700.000 lires exclues par l'arrêt du

15 mars 1880 ; mais elle se donne le soin d'expliquer que cette exclusion est justifiée, à son sens, non par des arguments techniques, *inacceptables en cette cause,* màis bien par les documents eux-mêmes, *car il s'agit d'un double emploi commis par erreur, mais sans intention frauduleuse.* Et il s'agissait de *briques et de moellons piqués* que l'on aurait approvisionnés. Comment les documents comptables dénonceraient-ils eux-mêmes le double emploi? puisque d'ailleurs et les experts et l'entreprise déclaraient le contraire et que, d'un autre côté, ni le Tribunal de Modène ni la Cour de Gênes n'ont examiné les documents. Et puis, l'entreprise avait déposé un grand-livre *tenu en partie double,* sur lequel la balance des divers comptes, et spécialement du compte caisse, avait été exactement établie ; comment un *double emploi* purement comptable dans l'approvisionnement des briques et des moellons piqués aurait-il pu subsister dans ces conditions? C'est ce que la Cour de Gênes n'a pas expliqué, bien que l'objection eût été formulée par Dupuy.

En définitive, la Cour de Gênes a obéi à l'arbitraire le plus effréné ; elle a enlevé à Dupuy toutes les garanties de vérité, et comptables et techniques, que les précédentes décisions lui avaient assurées.

Dupuy, sans espoir toutefois, introduisit un recours contre cet arrêt de Gênes ; mais, par décision du 17 novembre 1882, ce recours a été rejeté par la Cour suprême de Turin. A la lecture de l'arrêt de cette même Cour, reproduit en *appendice,* du 7 mars 1874, on s'aperçoit que les juges italiens en prennent à leur aise alors qu'ils développent leurs considérants sur des jugements français. Dans l'arrêt du 17 novembre 1882 cette même Cour suprême s'exprime ainsi : « Et en vérité, » laissant de côté la forme singulière de l'arrêt français (du » 22 juillet 1881), lequel, au lieu d'exprimer un jugement

» explicite, se limite à donner acte à Dupuy de ce que le
» deuxième chef du dispositif de l'arrêt du 15 mars était passé
» en force de chose jugée, rendant ainsi douteux si la Cour
» de Paris a exprimé un jugement qui lui soit propre ou
» bien la seule opinion de Dupuy..... »

Quoi qu'il en soit, la Cour suprême de Turin a retenu, elle
aussi, que l'annulation de la décision de Modène du 15 mars
avait été «complète et absolue» par voie de conséquence. Enfin,
cette Cour suprême, qui n'avait pu casser l'arrêt de Modène
qu'en se transformant en juge du fait de troisième instance,
a repoussé le recours contre l'arrêt de Gênes introduit par
Dupuy parce que celui-ci, a prétendu ladite Cour, « tendait à
» attirer la Cour suprême sur un domaine qui n'est pas le
» sien, sur le domaine, c'est-à-dire, qui n'est pas celui de la
» loi et du droit, mais bien *celui de l'appréciation des faits, des
» preuves* et de la conviction morale. Mais la tentative est
» vaine ». De sorte que, selon que Dupuy était ou défendeur
ou demandeur, la Cour suprême de Turin, sur les conclusions conformes de M. le substitut Boron, se plaçait exclusivement sur le domaine des faits et des preuves ou proclamait, sans paraître se préoccuper d'autre chose, que ce
domaine lui est interdit ; la conviction morale de la Cour
d'appel qui avait prononcé était jugée mal fondée si elle était
combattue par la Société modénaise, mais elle ne pouvait être
censurée si, au contraire, cette même Société l'appuyait ; et
le même conseiller, M. Basteris, rapporteur et rédacteur de
l'arrêt dans les deux cas, accommodait sa logique à la situation. Que ce fut par suite d'une gageure ?

Nous voilà arrivé au terme de l'exposé des décisions italiennes, sauf une, cependant, relative *à la révision de l'arrêt
de Gênes,* rendue par le Tribunal de Modène, sur l'instance de
l'entreprise, et dont nous dirons quelques mots plus tard.

On ne nous aura pas suivi sans un certain courage ; nous nous sommes attaché cependant à présenter cet exposé le plus bref possible, ne prenant dans chaque décision que le point essentiel, laissant de côté bien des détails pourtant instructifs et négligeant de mentionner nombre de décisions intermédiaires.

Nous exposerons maintenant les décisions rendues par l'autorité judiciaire française ; notre intention bien arrêtée est de respecter, sans les critiquer le moins du monde, ces dernières décisions, nous bornant à en faire l'exposé ; mais nous pensons que de cet exposé et de la comparaison des décisions rendues au-delà et en deçà des Alpes sur cette même affaire doit ressortir la preuve que nous avons entendu fournir du danger qui résulte, pour les intérêts des Français, des conventions relatives à l'exequatur dans les deux pays.

Quatre des sentences italiennes que nous venons d'énumérer ont été en France l'objet de demandes d'exequatur :

L'arrêt de la cour de Modène du 15 mars 1880, de la part de Dupuy ; l'arrêt du 13 mai de la même année et de la même Cour, l'arrêt de la Cour de cassation de Turin du 21 janvier 1881 et l'arrêt de la Cour de Gênes du 28 décembre 1881, de la part de la Société Bonacini-Guastalla.

Sur la première demande d'exequatur, introduite par Dupuy pour l'arrêt du 15 mars 1880, la Cour, statuant par défaut, par arrêt du 20 juillet 1880 : « Considérant que ledit arrêt » émane de juges compétents ; qu'il a été rendu les parties » dûment appelées et représentées ; qu'il ne contient aucune » disposition contraire au droit public français, ordonne que » cet arrêt aura force exécutoire en France. » La Société forme opposition à cet arrêt. Elle fonde son opposition sur ce que, postérieurement à l'arrêt du 15 mars, est intervenu l'arrêt du 13 mai même année, lequel a modifié le premier

arrêt. Le 23 août 1880 : La Cour, « considérant qu'il n'appar-
» tient à la Cour ni de modifier l'arrêt, ni de surseoir à son
» exécution ; que Bonacini ne saurait d'ailleurs, en se fondant
» sur l'existence d'un deuxième arrêt rendu le 13 mai dernier
» par la cour de Modène, paralyser l'exécution du premier,
» alors que ce deuxième arrêt n'est pas exécutoire en France
» et qu'il n'est pas même justifié d'une demande tendant à
» obtenir cette exécution ; persistant dans les motifs de l'ar-
» rêt par défaut, etc. »

Plus tard, Bonacini-Guastalla introduisirent la demande
d'exequatur pour l'arrêt du 13 mai. La contradiction entre
les deux arrêts était manifestement indécente ; le ministère
public, représenté par M. le procureur général Dauphin, conclut au refus d'exequatur *pour violation manifeste de la chose
jugée*. Mais entre temps intervint la décision de la Cour de
cassation de Turin, et la Cour crut devoir surseoir au prononcé de son arrêt.

La même entreprise demande donc l'exequatur p our la dé
cision rendue par la Cour suprême de Turin. Dupuy objecte,
notamment, que la Cour de Turin a violé la chose jugée par
un arrêt précédent passé en chose jugée ; qu'elle a commis un
excès de pouvoir en se livrant à l'examen du fond du litige et
en basant son arrêt sur des motifs de fond. Néanmoins, sur les
conclusions conformes du ministère public, par arrêt du
3 juin 1881, « considérant que les traités de 1760 et de 1860
» ne permettent pas à la Cour de réviser l'arrêt de Turin et
» de décider s'il a bien jugé ; que l'examen de la Cour doit se
» borner aux trois points suivants : 1° si la décision émane
» d'une juridiction compétente ; 2° si les parties ont été dûment
» citées et légalement représentées ou défaillantes ; 3° si les
» règles du droit public ou les intérêts de l'ordre public en
» France ne s'opposent pas à l'exécution demandée... ; qu'il

» est soutenu par Dupuy que la Cour de Turin aurait statué
» en dehors de sa compétence, parce qu'elle aurait admis un
» moyen de chose jugée qui n'avait pas été opposé devant la
» Cour de Modène ; parce qu'elle se serait livrée à une appré-
» ciation de fait et qu'elle aurait méconnu un contrat judi-
» ciaire intervenu, selon lui, entre les parties, devant la Cour
» de Modène ; qu'elle aurait ainsi porté atteinte à un principe
» d'ordre public ; que ces objections reposent sur une confu-
» sion manifeste entre la compétence et un prétendu mal
» jugé ; que la Cour, n'ayant pas le droit de réviser le fond du
» litige, ne peut pas s'ériger en juge du mérite d'une décision
» italienne. » La Cour de Paris ordonna l'exécution en France
de ladite décision.

Ce même jour, 3 juin 1881, la Cour, par un deuxième arrêt, déclara que l'arrêt de Modène du 13 mai 1880 ayant été annulé, la demande d'exequatur, introduite par l'entreprise pour cet arrêt était restée sans objet.

Enfin, ensuite du renvoi de cassation, la Cour de Gênes statua ainsi que nous l'avons exposé, et l'exequatur est solli-cité pour son arrêt.

Pour l'intelligence de la discussion relative à cette demande et de la décision qui s'en est suivie, discussion et décision très-importantes au point de vue qui nous occupe, il nous faut mentionner que, dès 1866, Dupuy, se fondant sur la sentence du 2 janvier 1865 et sur l'arrêt confirmatif du 4 août de la même année, avait formé une saisie-arrêt, en vertu d'une ordonnance de M. le président de la Seine, aux mains de la Compagnie des chemins lombards, sur toutes sommes ou valeurs, jusqu'à concurrence de la somme en prin-cipal de 500.000 fr., qu'elle pouvait devoir à la Société Bona-cini-Guastalla ou détenir pour son compte. Un jugement du Tribunal civil de la Seine, du 6 juillet 1867, avait maintenu

cette saisie-arrêt en déclarant que, sur le fond, il y avait lieu
de surseoir jusqu'à l'issue de l'instance pendante devant les
Tribunaux italiens. Ce jugement, frappé d'appel par Bonacini-
Guastalla, avait été confirmé par la Cour de Paris. Mais,
lorsque l'arrêt de Modène eut été rendu exécutoire, la validité de la saisie-arrêt fut prononcée par un jugement du
31 août.

Ce jugement, qui visait et l'arrêt de Modène du 15 mars
1880 et l'arrêt du 31 août de la Cour de Paris, ordonnait au
tiers saisi de remettre à Dupuy les sommes et les valeurs
jusqu'à concurrence des condamnations portées par ledit
arrêt de Modène. Appel de ce jugement fut interjeté par
l'entreprise. Au cours de l'instance d'appel intervinrent l'arrêt
de la Cour de cassation de Turin et l'arrêt de la Cour de Paris
qui lui accordait l'exequatur. L'entreprise avait prétendu et
continuait à prétendre que la décision de Modène avait été
entièrement annulée; elle demandait la réformation en conséquence de la sentence des premiers juges. Par son arrêt du
29 juillet 1881, la Cour, « adoptant les motifs des premiers
» juges et considérant que, depuis le jugement dont est
» appel, la Cour de cassation de Turin a, par arrêt du 21 jan-
» vier 1881, cassé l'arrêt de la Cour de Modène du 15 mars
» 1880 *au premier chef, de son dispositif, tout en le maintenant*
» *au second chef qui a acquis ainsi la pleine autorité de la*
» *chose jugée;* que Dupuy reconnaît lui-même qu'il ne peut,
» en conséquence, poursuivre l'exécution du jugement dont
» est appel que dans les termes mêmes où l'arrêt du 15 mars
» 1880, qui forme son titre, a été maintenu, c'est-à-dire pour
» la seconde partie de ces disposititions qui est relative à la
» quote-part lui revenant sur la somme de 3.917.897 fr. 72,
» montant des bénéfices complémentaires; que la Cour, en
» confirmant, pour le surplus, le jugement de première ins-
» tance qui valide les saisies-arrêt de Dupuy, n'a qu'à constater

» la modification que l'arrêt de la Cour de cassation de Turin
» a apportée dans les rapports respectifs des parties. Donnant
» acte à Dupuy de ce qu'en exécution du second chef du
» dispositif de la Cour de Modène du 15 mars 1850, lequel
» est passé en force de chose jugée, il consent à ce que le
» jugement du Tribunal civil de la Seine du 31 août 1880,
» frappé d'appel, ne reçoive exécution qu'à concurrence de
» cette deuxième disposition, laquelle a été jugée expressé-
» ment maintenue. Confirme ledit jugement pour le surplus
» et dans les termes limitatifs ci-dessus établis... »

Sur la signification qui lui fut faite de cet arrêt, la Caisse
des dépôts et consignations, qui détenait les sommes et valeurs qui lui avaient été versées par le tiers saisi en vertu
d'un jugement, remit à Dupuy les 460 obligations, avec le
montant des coupons échus depuis janvier 1868, désignées
par le dispositif de l'arrêt de Modène; mais, n'ayant pas une
somme nécessaire en monnaie, elle ne se crut pas autorisée à
faire vendre les obligations à la Bourse pour *solder* à Dupuy
en monnaie, comme l'ordonnait l'arrêt de Modène, le surplus
de sa créance.

L'importance que prenait cette décision de la Cour de Paris
du 22 juillet 1881 dans le débat qui s'engageait sur la demande d'exequatur de l'arrêt de Gênes apparaît à première
vue et sans qu'il soit besoin d'y insister. En effet, non-seulement la Cour de Paris avait rendu exécutoire en France l'arrêt
de la Cour de Modène du 15 mars 1880; non-seulement, en
accordant l'exequatur à l'arrêt de la Cour de cassation de Turin, elle avait dû spécifier que celle-ci n'avait cassé l'arrêt de
Modène que du premier chef seulement, et non du second;
mais de plus, dans ce nouvel arrêt qui acquérait la force de la
chose définitivement jugée, elle consacrait pour la deuxième
fois cette distinction essentielle entre les deux chefs, l'un
cassé, l'autre maintenu; et, en vertu de cette distinction, elle

maintenait d'une manière irrévocable la validité des saisies-arrêts formées par Dupuy. Donc, chose jugée en Italie par les arrêts des 15 mars 1880 et 21 janvier 1881, chose jugée en France par les arrêts des 23 août 1880, 3 juin et 23 juillet 1881; comment, sans violer cette quintuple autorité, accorder l'exequatur à l'arrêt de la Cour de Gênes, qui, lui, mettait à néant tous ces arrêts et proclamait que par simple voie de conséquence, et sans même qu'il y eût lieu de le dire, l'annulation du premier chef de l'arrêt de Modène entraînait la nullité du second.

Cependant la Cour de Paris, par arrêt du 17 mars dernier et sur les conclusions conformes du ministère public, a décidé qu'il y avait lieu de donner l'exequatur demandé : « Consi- » dérant que, d'après les traités internationaux de 1760 et » de 1860, les juges saisis d'une demande d'exequatur d'une » sentence française ou italienne ne doivent pas examiner le » fond du litige; qu'ils ont seulement à vérifier : 1° si la dé- » cision émane d'un juge compétent; 2° si les parties ont été » appelées et légalement représentées; 3° si les règles du » droit public et les intérêts de l'ordre public du pays où » l'exécution est demandée ne s'opposent pas à ce qu'elle soit » accordée; — considérant que l'arrêt de la Cour de Gênes » du 28 décembre 1881, confirmé par la Cour de cassation » de Turin, ne renferme rien de contraire aux prescriptions » de ces traités; — considérant qu'on oppose en vain que » cet arrêt porterait atteinte à la chose jugée résultant de » deux arrêts de la Cour de céans, relatifs à l'exécution d'un » arrêt de la Cour de Modène du 15 mars 1880, et qu'il vio- » lerait ainsi un principe d'ordre public; que les arrêts » d'exequatur auxquels l'examen du fond est interdit ne » s'approprient nullement les décisions étrangères et ne peu- » vent jamais constituer la chose jugée; qu'ils ne sont » rendus, d'ailleurs, que dans l'état actuel des faits et sous la

» réserve implicite des décisions ultérieures de la juridiction
» étrangère. Sur ces motifs, etc., etc. »

C'est donc plus que du respect, c'est une obéissance
absolue que la juridiction française apporte aux sentences
successivement rendues en Italie. A-t-elle raison, a-t-elle
tort d'agir ainsi? C'est une question que nous ne pósons
même pas ici. Néanmoins, il nous semble que la Cour de
Paris avait quelque peu perdu de vue, bien que nous le lui
eussions rappelé, son arrêt du 22 juillet 1881, qui, lui, n'est
pas un arrêt d'exequatur.

Mais si les arrêts d'exequatur ne sont rendus en France
qu'en l'état actuel des faits, et sous la réserve implicite des
décisions ultérieures de la juridiction italienne, la conséquence de ce principe est effrayante, eu égard à la pseudo-
justice italienne. Nous répétons que tout Français qui aura
plaidé en Italie ne sera jamais certain que son procès est fini,
qu'il y a chose jugée. Il demeurera sous la menace d'une spo-
liation par autorité de justice. En effet, l'arrêt de Gênes, rendu
le 28 décembre 1881 en faveur de Bonacini-Guastalla, aurait
dû au moins constituer *la chose jugée*. Mais cette Cour avait
cependant repoussé une des demandes de l'entreprise, laquelle consistait, l'expertise qui avait servi de base au jugement de première instance étant erronée, disait-elle, à ajouter
au passif déterminé par les experts la somme de 283.000 lires, et à déduire de l'actif la somme de 175.000 lires. Or,
Bonacini-Guastalla, conseillés qu'ils sont par de vieux renards
entremetteurs de la chicane, ont introduit, sous le prétexte
qu'il restait un compte à faire pour déterminer le montant de
la somme que Dupuy doit leur *restituer*, une instance par devant le Tribunal de Modène, et ils ont demandé audit Tribunal de vouloir bien, lui, admettre la conclusion repoussée
par la Cour de Gênes et rectifier en conséquence l'arrêt qu'elle

a rendu. Dupuy, qui se trouve suffisamment étrillé par les juges italiens, a fait défaut, et ledit Tribunal, par sentence du 21 octobre 1882, a admis les preuves tendant à démontrer qu'en effet la Cour de Gênes a commis l'erreur dénoncée. De sorte que l'arrêt de Gênes va être lui-même, s'il ne l'est déjà, révisé à Modène, — Il y aura bien violation de la chose jugée, il y aura bien excès de pouvoir, mais ni plus ni moins que précédemment ; et comme le Tribunal de Modène serait compétent pour faire le compte, comme d'ailleurs Dupuy aura été régulièrement cité, que sa défaillance aura été légalement constatée, il en résultera que l'exécution sera accordée en France à la décision du Tribunal de Modène, comme elle a été accordée aux autres décisions italiennes. Mais si le Tribunal de Modène, ou toute autre autorité compétente, émet contre Dupuy des décisions successives, à jet continu, en violation de la chose jugée, elles devront donc être toutes exécutées en France !

Ce sont là, a dit le ministère public devant la Cour de Paris, toutes considérations vaines ; d'ailleurs, a-t-il ajouté, l'arrêt de Gênes *constituera la chose jugée*. Il faut donc croire, d'un côté, que le ministère public était bien informé ; cela porterait à penser que quelque chose a été fait ; mais c'était un peu tard, et d'ailleurs c'est absolument insuffisant. D'un autre côté, il n'apparaît pas, pour nous du moins qui ne sommes pas docteur en droit, que les susdites considérations soient aussi vaines que cela. Nous répétons que nous avons le droit d'être protégés dans nos intérêts légitimes, et nous exprimons la pensée que notre gouvernement saura sauvegarder avec énergie ces intérêts, ce qui n'a pas eu lieu jusqu'ici.

Nous réclamons, dans ce but, l'adoption d'une mesure commandée par l'état des choses, et c'est l'abrogation de la décla-

ration ministérielle de 1860, à laquelle d'ailleurs la juridiction
italienne refuse toute valeur juridique. Ce que nous a valu, à
nous autres Français, cette déclaration, chacun de nos lec-
teurs a pu s'en apercevoir, c'est-à-dire qu'elle nous a prédes-
tinés à demeurer victimes, au-delà et en deçà des Alpes, de
la juridiction italienne. La réciprocité entre la France et l'I-
talie actuelle, au point de vue des garanties de justice, ne
peut pas exister; nous l'avons prouvé surabondamment par
l'exposé des divers arrêts italiens, mais spécialement par
ceux de Modène, Gênes et Turin.

Peut-être quelque lecteur pensera que notre longue lutte
et nos intérêts lésés nous portent à exagérer les vices de la
juridiction italienne. Les Italiens, qui se rappellent du procès soutenu par le même Guastalla, au sujet du chemin de
Turin à Savone, contre l'État italien, s'expliqueront aisément
les diverses décisions que nous avons énumérées. Quant aux
Français, nous leur citons le passage suivant de l'opuscule
de M. Giovanni Bovio, député :

« Si le temps eût suffi à ses desseins, dit M. Bovio parlant
de M. Tayani, ex-ministre de la justice et précédemment procureur général, « il eût, sans doute, fauché quelques-uns de
» ces hauts coquelicots de la magistrature, lesquels, cachés
» derrière la toge d'avoué de leurs fils, troquent contre un
» métal plus brillant les poids de la balance. »

(Giovanni Bovio, Uomini e tempi, page 106, note.
Bologne, Zanichelli, 1880.)

M. DUPUY.

APPENDICE

Affaire Charavel et Dussard contre Sanna.

Un jugement du Tribunal de commerce de Marseille du 7 mai 1862, confirmé par arrêt de la Cour d'Aix du 1er mai 1863, a condamné Sanna en des dommages-intérêts à payer par état pour inexécution d'une convention intervenue à Marseille. Un jugement du même Tribunal du 3 juillet 1865, confirmé par arrêt de la même Cour du 14 février 1866, a liquidé le montant des dommages-intérêts.

Sur la demande d'exequatur, arrêt de la Cour de Lucques du 26 avril 1867 :

« Considérant que la Cour, dans les jugements d'exequatur, n'est
» pas le moins du monde obligée à accepter comme indiscutable
» tout ce qui fut déclaré dans les motifs du jugement étranger,
» parce que l'attribution qui lui est déférée par la loi, bien plus
» pour protéger la souveraineté territoriale que dans un intérêt
» privé, consiste à vérifier si le jugement étranger présente ou
» non ces conditions données qu'elle réclame, pour qu'il puisse
» être rendu exécutoire dans le territoire de l'État ; qu'il ne res-
» terait, en beaucoup de cas, qu'une garantie tout à fait illusoire
» si cette garantie n'emportait que la libre faculté, pour le Tribu-
» nal appelé à accorder l'exécution de porter sur les faits et docu-
» ments de la cause, un *jugement indépendant, relativement à ces
» faits et documents et à l'appréciation qu'en avaient faite les juges
» de qui la décision émane.* »

(DE ROSSI, Livourne, 1876, page 60.)

Sur le pourvoi, la Cour de cassation de Florence, 23 décembre 1867 :

« Considérant que la Cour de Lucques, en affirmant que l'obli-
» gation contractée par Sanna n'existait pas, et que le jugement

» contraire du Tribunal et de la Cour français n'était qu'une
» simple supposition, a prononcé manifestement un jugement sur
» le fond, lequel absorbait toute idée de compétence, et que,
» conséquemment, elle est tombée en une patente confusion des
» termes qu'elle s'était proposés, et dans la violation des textes
» de loi en ses moyens rappelés » ;

Casse et renvoie devant la Cour de Florence.

(D. Rossi, loc. cit.)

La Cour de Florence, 7 avril 1869 :

« Considérant que l'obligation de concéder l'exécution d'un ju-
» gement étranger « à la forme du droit », si elle exclut, d'un côté,
» la pleine et approfondie connaissance du fond de la controverse
» et de la valeur des preuves, n'est pas circonscrite, de l'autre côté, au
» seul examen de la possible violation des lois d'ordre public et du droit
» public intérieur du Royaume. Les Tribunaux français eux-mêmes
» ont retenu que cette formule autorise les juges de l'une des
» nations à refuser l'exequatur aux jugements rendus par les auto-
» rités de l'autre nation, non-seulement quand ces jugements éma-
» nent d'autorités incompétentes, ou sans citation régulière, ou s'ils
» contiennent des dispositions contraires à l'ordre public intérieur ;
» mais encore quand ils n'apparaissent pas conformes aux règles géné-
» rales de justice, ou s'ils présentent une erreur manifeste de droit. »
» Qu'en vain Dubosc (mandataire de Charavel et Dussard) citait
» en sens contraire une déclaration ministérielle signée, le 11 sep-
» tembre 1860, par le comte de Cavour pour l'Italie et par Talleyrand
» pour la France, par laquelle, voulant fixer l'intelligence de la
» formule du traité « à la forme du droit », il fut déclaré que
» par cette formule les juges doivent se limiter à examiner si
» la décision a été rendue par une autorité compétente, si la
» citation fut régulière, si la partie fut légalement représen-
» tée ou défaillante, si la décision viole le droit public ou les
» intérêts de l'ordre public du pays dans lequel on demande
» l'exécution. Et, en vérité, s'il est hors de doute qu'une conven-
» tion internationale légitimement établie entre les souverains
» de deux nations équivaut à une loi pour les sujets des États
» respectifs, et, comme loi vraie et propre, elle doive être appli-
» quée par les Tribunaux de l'une et l'autre nation ; s'il est égale-
» ment hors de doute que l'interprétation doctrinale des lois

» appartient exclusivement à l'autorité judiciaire et l'interpréta-
» tion authentique au pouvoir législatif ; si, dans les pays régis
» par les formes constitutionnelles (comme l'était en 1860 le
» Piémont), le pouvoir législatif s'exerce par le Parlement et par
» le Roi, *il s'ensuit que la note ministérielle du comte de Cavour ne*
» *peut pas auprès de nous être invoquée comme loi contenant une*
» *interprétation authentique, et conséquemment obligatoire pour tous.*
» Et pas même cette note ne pouvait être considérée comme un
» *traité diplomatique interprétatif de l'antérieur traité de* 1760, car,
» tandis que de faire des traités et d'en fixer le sens constitue une
» prérogative exclusive et éminente du chef de l'État, la note
» dont il s'agit *non-seulement n'a pas été sanctionnée par un décret*
» *du Roi,* mais elle ne portait pas même l'auguste signature du
» Roi. D'ailleurs, ensuite, et en toute hypothèse, pour qu'un
» traité international puisse être invoqué comme loi devant les
» Tribunaux, *il est nécessaire que ce traité ait eu une légale publica-*
» *tion,* et, dans le cas actuel, il ne résulterait pas que *ledit traité*
» *ait jamais été porté d'après les formes de la loi à la connaissance du*
» *public.*

» *Que ce jugement contient une évidente injustice…; qu'une plus*
» *ouverte injustice,* c'est d'avoir retenu que…., *et* tout cela sans
» aucun motif, ou à l'appui de *motifs vagues, basés sur des considé-*
» *rations absolument arbitraires.*

» Que si cette sentence fut ensuite confirmée par arrêt de la
» Cour d'appel d'Aix, le 14 février 1866, il est de toute évidence
» que cette confirmation fut basée sur une violation manifeste de
» la chose précédemment jugée par la même Cour, par son arrêt
» du 1er mai 1863….

» Que, s'agissant de la violation de la chose jugée, on aurait
» dans le cas actuel non-seulement l'infraction d'une règle de
» droit universelle (ce qui serait suffisant pour déclarer que le
» jugement français n'a pas été rendu à la forme du droit, d'après
» le texte du traité de 1760), mais on aurait encore foulé aux
» pieds un principe reconnu comme appartenant au *droit public.*.

» *Attendu que l'exécution du jugement français étant refusée, il*
» *appartiendra aux juges compétents du Royaume de prononcer ex*
» *integro sur toutes les controverses que les parties croiront opportun*
» *de soulever.* »

(Annali di Giurisprudenza italiana. 1870, II, p. 98.)

Nouveau pourvoi contre cet arrêt. Arrêt de la Cour de cassation de Florence du 20 juin 1870 :

« Que tant le vice de la contradiction que celui de la violation
» de la chose jugée, détruisant entièrement le jugement qui est
» démontré en être infecté, *donneraient justement lieu à l'applica-*
» *tion du § 4 de l'art.* 941 du Code de procédure civile, *relatif aux*
» *jugements étrangers qui contiennent des dispositions contraires au*
» *droit public ou à l'ordre public, comme, avec raison, l'a retenu* la
» Cour d'appel de Florence.

» *Que, cela étant, il est tout à fait superflu de rechercher* si l'on
» devait, en ce jugement d'exequatur, considérer la disposition
» générale de l'art. 22 du traité du 24 mars 1760, où les explica-
» tions données sur ce même art. 22 par la note diplomatique du
» 12 septembre 1860....

« Que, par suite, tout le nœud de la question se réduit au
» point d'établir si les deux vices sus-indiqués de la contradic-
» tion et de la violation de la chose jugée existent légalement. »

La Cour conclut à la négative, casse et renvoie devant la Cour
de Lucques.

(*Annali di Giurisprudenza italiana.* 1870, I, p. 180.)

La Cour de Lucques, 12 janvier 1871 :

(Nous n'avons entre les mains que le résumé des principes sur
lesquels est fondé l'arrêt.)

Que dans les attributions de la Cour de renvoi en un jugement
d'exequatur est comprise celle d'examiner et de décider si le jugement dont on demande l'exécution a été prononcé par une autorité judiciaire compétente, c'est-à-dire, bien que la première
Cour d'appel ne se fût pas occupée de la question de compétence,
la Cour de renvoi peut néanmoins s'en occuper. D'où la conséquence que, comme la société pour l'exploitation d'une mine
constitue en France une affaire civile, alors que son objet est
limité à l'extraction et à la vente du produit bruit, le jugement
ayant été rendu en première instance par un tribunal de commerce, l'exequatur doit être refusé pour motif d'incompétence.

(*Annali di Giurisprudenza italiana.* 1871, II, p. 50.)

Ainsi finit l'affaire Charavel et Dussard contre Sanna.

Affaire Demarre.

La Cour d'appel de Gênes, saisie d'une demande d'exequatur pour un jugement du Tribunal de commerce de Lyon, rendu au profit de Demarre contre X...., sujet italien, repousse la demande par arrêt du 1er avril 1862, ainsi concu :

« .... Attendu que la manifeste *injustice* de la sentence résulte
» des lois elles-mêmes sous l'empire desquelles elle a été pro-
» noncée;.... Attendu qu'il ne sert de rien que le Tribunal de
» Lyon ait déclaré que les conclusions de Demarre ont été recon-
» nues bien fondées, *puisque cette appréciation se trouve être en*
» *opposition avec les résultats fournis par les actes.* »

(BETTINI, 1862, 2, page 584.)

Sur le pourvoi, arrêt de rejet de la Cour de cassation de Turin, du 25 août 1874, par le motif :

« Que la sentence française est *destituée de tout fondement légal;*
» *que, conséquemment,* elle contient des dispositions contraires à
» l'ordre public et au droit public du Royaume. »

(*Journal du Droit international privé*, 1879, page 292.)

Affaire Morand contre Debenedetti.

Le 12 mars 1875, arrêt de la Cour d'appel de Turin :

« Bien que, justement, le Tribunal de Vienne (Isère), se soit
» déclaré compétent et ait rejeté l'exception de litispendance ré-
» sultant de ce que préventivement (précédemment), Debenedetti
» avait cité Morand devant le Tribunal de Turin, attendu que,
» étant donné que les Tribunaux du royaume se déclarent com-
» pétents, il serait manifeste que la prévention (l'assignation don-
» née en premier lieu) aurait enlevé à tout autre Tribunal, *pour*
» *autant qu'il eût été compétent,* la faculté de juger, que les règles
» sur la compétence appartiennent au droit public intérieur, et
» qu'à ces règles répugnerait la disposition contraire du Tribunal
» français, lequel se fonde sur une règle différente de procédure,
» et que, par suite, *la disposition de l'art. 941 § 4 du Code de pro-*

» *cédure civile* s'oppose à ce que l'on donne force exécutoire à ce
» jugement. »

Arrêt de la Cour de cassation de Turin du 7 mars 1874.

« Dans les jugements d'exequatur les Cours d'appel italiennes,
» et quand il s'agit de jugements des Tribunaux français, doivent
» non-seulement connaître de la compétence du Tribunal étranger
» qui prononça, mais aussi du fond et de la justice du jugement.
.» — Levi. — Pétré.

» La Cour..... Attendu que la Cour d'appel, outre qu'elle n'a pas
» suffisamment développé ses motifs au sujet des objets susindi-
» qués, lesquels sont d'autant plus graves que la jurisprudence
» française s'est montrée moins souple pour autoriser l'exécu-
» tion des jugements étrangers, aurait absolument omis de parler
» de l'exception opposée d'une régulière citation, violant ainsi les
» art. 360, n° 6 et 361 du Code de procédure civile invoqué en ce
» moyen. — Considérant que dans les rapports internationaux on
» admet le principe de la réciprocité, comme étant celui qui s'ap-
» puie sur la raison naturelle de la parité de traitement et ouvre,
» dans le cas contraire, la voie à l'exercice du droit de rétorsion ;
» — Que vraiment, comme cela résulte, entre autres, de l'arrêt du
» 11 mai 1869 de la Cour de Paris, approuvé par celui de la Cour
» de cassation du 20 avril 1870, sur le recours Spada, le traité du
» 24 mars n'empêche pas les Tribunaux français de se livrer à
» l'examen des sentences italiennes avant d'en accorder l'exécu-
» tion ; puisque cette exécution fut refusée sur la réflexion que
» dans l'acte de citation on avait confondu *une simple résidence*
» *à Quiéte avec le vrai domicile* (du défendeur) *qui était à Rome.* —
» La Cour d'appel de Lyon dans son arrêt du 29 mars 1857 (cause
» Lanfrey et Bonnet) aurait retenu « *que les Cours françaises qui*
» *ne sont tenues de déférer aux lettres rogatoires, qu'à la forme du*
» *droit, sont appelées ainsi à examiner si les jugements de Sardai-*
» *gne, dont on leur demande d'autoriser l'exécution en France, ne*
» *renferment rien qui porte atteinte à notre ordre public ou qui soit*
» *opposé à nos règles de compétence ; qu'en cette partie leurs arrêts*
» *impliquent une appréciation intéressant les droits et les obligations*
» *des personnes et qu'ils rentrent par conséquent dans l'exercice de la*

» *juridiction contentieuse ;* et elle a cru lésif de la compétente que
» Garonde, Français, eût été appelé à comparaître devant le Tri-
» bunal de Chambéry, parce que : *on ne saurait admettre que dans*
» *l'intention du législateur, les dispositions de l'art. 181 du Code de*
» *procédure sur la compétence exceptionnelle en matière de garantie,*
» *aient dû s'étendre au cas où il s'agit d'une demande principale ins-*
» *truite devant un Tribunal étranger. — Qu'on doit penser que dans*
» *ces dispositions qui se rapportent à l'ordre des juridictions le législateur a eu exclusivement en vue l'action des Tribunaux français.* »
» C'est pourquoi il était nécessaire aussi d'examiner, mais on ne
» l'a pas examiné — et la Cour de renvoi l'examinera — si l'excep-
» tionnelle disposition de l'art 91 de notre Code de procédure civile,
» qui en matière commerciale a concédé de proposer l'action de-
» vant l'autorité judiciaire du lieu où la promesse a été faite et aussi
» la remise de la marchandise, ou bien du lieu où l'obligation
» doit s'exécuter est applicable même en dehors du territoire na-
» tional. — De même on devait examiner, et ce sera à la Cour de
» renvoi de le faire, si, étant donnée l'admissibilité de l'interroga-
» toire déduit par Levi, supposant vrais les termes de la conven-
» tion verbale tels qu'ils ont été appliqués dans ledit interrogatoire,
» et alors que de la sorte la convention fut prouvée, on peut tou-
» tefois faire l'application du susappelé art. 91 de notre procé-
» dure. — Si encore la condamnation prononcée par le Tribunal
» de Lyon, confirmé par la Cour d'appel sur la simple allégation
» d'une convention verbale dénuée de tout autre moyen de preuve,
» peut-être réputée conforme aux règles de justice ; et l'on ne doit
» pas ne pas observer que ladite Cour de Lyon a bien dit : *qu'il est*
» *établi par la correspondance et les autres documents produits au*
» *procès que la non exécution de cette convention n'a eu lieu….. par un*
» *fait des demandeurs.* Mais elle ne dit pas (parce qu'elle ne pou-
» vait le dire) ce qu'il résultait des lettres et des autres docu-
» ments sur le fait fondamental de la convention, c'est-à-dire des
» conditions et obligations auxquelles elle soit informée.
» « Que plus spécialement la Cour d'appel de Turin ne pouvait
» pas se dispenser d'examiner la disposition, et si elle était appli-
» cable, de l'art. 947 introduit pour la première fois dans le Code
» de procédure actuel (lequel, il est utile de le noter, a été pour
» la première fois invoqué devant cette Cour suprême), car le
» but du législateur est évident, c'est-à-dire d'obvier aux incer-

» titudes qui s'étaient montrées dans la jurisprudence italienne,
» laquelle s'était peut-être montrée trop facilement portée à ad-
» mettre l'exécution des jugements étrangers : c'est pourquoi il
» ordonna (le législateur) comme sauvegarde des citoyens italiens
» que, quand il est question de comparaître devant des autorités
» étrangères, la permission soit donnée par le ministère public
» de la juridiction dans laquelle la citation doit s'exécuter; ce
» qui doit être coordonné avec le commandement fait aux Cours
» d'appel (au n° 2 de l'art. 941) d'examiner si la sentence de
» l'autorité judiciaire étrangère a été prononcée après citation
» régulière des parties.

» Que si les sentences étrangères ne doivent pas être mandées
» à exécution alors qu'elles n'ont pas été prononcés *à la forme*
» *du droit,* on devrait et l'on devra aussi en tenir compte.

» La Cour de Grenoble, dans un arrêt du 7 août 1817, en la
» cause du Piémontais Vertù, qui demandait l'exequatur pour
» un jugement du Sénat de Turin, maintenant le principe que
» *l'art. 22 du traité de 1760... doit être entendu en ce sens, que les*
» *jugements ont été rendus... sans qu'il ait été porté atteinte à l'ordre*
» *des juridictions* », a cru qu'il n'était d'aucune importance que
» les Français défendeurs à Turin « *auraient constitué un procu-*
» *reur...* dès que le défaut de pouvoir ou de compétence de la
» part du Sénat de Turin ne pouvait être couvert par aucun acte
» quelconque; que d'ailleurs nulle permission n'avait été accor-
» dée au sieur Vertù pour traduire *les sieurs Berthelot et Vas-*
» *serat devant une Cour étrangère.*

» Que par suite à tant d'oubli de la part de la Cour d'appel
» Turin dans l'exposition des motifs de son jugement on doit
» appporter remède.

» Par ces motifs, etc..., etc... » (*Annali di Giurisprudenza ita-*
liana. VIII, p. ı, 380.)

(Les passages en lettres italiques sont en français dans le texte.)

Pour l'arrêt de Brescia, qui refuse toute force obligatoire à la
déclaration de 1860, voir le *Journal du Droit international* de Clunet,
1879, p. 305.

Páris. — Imp. Balitout, Questroy et Cⁱᵉ, 7, rue Baillif.

PARIS

IMPRIMERIE BALITOUT, QUESTROY ET Ce

7, RUE BAILLIF, 7

www.ingramcontent.com/pod-product-compliance
Lightning Source LLC
Chambersburg PA
CBHW061235030726
47595CB00004B/1541